+++ *Es ist ein warmer, spätsommerlicher Sonntagnachmittag. Strahlendblauer Himmel. Die Massen strömen geradezu ins Stadion. Bereits auf dem Parkplatz weht einem ein köstlicher Grillgeruch um die Nase. Alles ist getaucht in den Farben der Heimmannschaft. Der Klang einer Marschkapelle wird vom Spielfeld rüber getragen und Cheerleader stimmen die Fans bereits an den Eingängen auf das bevorstehende Spiel ein. Kurzum, es ist ein perfekter Tag für AMERICAN FOOTBALL!!! +++*

Die Sportart American Football erfreut sich einer großen Anhängerschaft, die stetig weiterwächst, doch ist es wirklich nur das Spiel, dass diese Faszination auslöst? Wohl kaum. Es sind auch unzählige Traditionen und Rituale, die American Football zu etwas Einzigartigem machen. Ein guter Grund, sich diese einmal genauer anzusehen!

DENIS HEISCH

THE 2ND QUARTER

ALLES RUND UM DIE WELT DES AMERICAN FOOTBALL

IMPRESSUM

© 2020 Denis Heisch

Umschlag, Illustration: Christian Kappler, Denis Heisch

Lektorat, Korrektorat: Daniela Heisch, Hendrick Lehmann

Verlag & Druck: tredition GmbH, Halenreie 40-44, 22359 Hamburg

ISBN

Paperback   978-3-347-10467-9

Hardcover   978-3-347-10468-6

e-Book   978-3-347-10469-3

INHALTSVERZEICHNIS

#01 ÜBER DIESES BUCH

WORUM GEHT ES HIER?

Hallo meine lieben Freunde des American Football und natürlich auch hallo an die, die es noch werden möchten. Ich darf euch nun schon bereits zu meinem zweiten Buch aus der Reihe 4 Quarters begrüßen, die sich von Anfang bis zum Ende über diese wundervolle Sportart dreht. Es ist heutzutage nicht mehr von der Hand zu weisen, dass American Football auch hier zu Lande immer beliebter wird. Spielübertragungen im Fernsehen brechen immer wieder von Neuem die Zuschauerrekorde, in sozialen Medien schießen Diskussions- und Fangruppen wie Pilze aus dem Boden, gefühlt an jeder Ecke sieht man Fans und Sympathisanten, die stolz die Logos ihres Lieblingsteams zur Schau tragen und noch vieles mehr. Ein Ende ist hier noch lange nicht in Sicht. Dabei stellt sich einem die Frage, was denn nun genau der Grund für diesen Hype sein könnte. Ist es wirklich nur die Sportart American Football mit ihren Ligen, Mannschaften und Regeln, die im Stande ist, die Massen in ihren Bann zu ziehen? Die Antwort ist ein klares Jein! Denn es ist auch das ganze Drumherum, dass ein American Football-Spiel ein vom Sport völlig losgelöstes Erlebnis schafft, das so viele zu begeistern vermag. Und genau um dieses Drumherum geht es in diesem Buch.

WAS IST DAS ZIEL DIESES BUCHS?

Das Ziel dieses Buches, das ich mir selbst gesetzt habe, mag auf den ersten Blick vielleicht etwas untypisch erscheinen. Ich möchte euch einen Einblick in die Welt des American Football zu geben, der sich nicht auf das Geschehen auf dem Spielfeld konzentriert, sondern dazwischen, daneben, davor, danach, aber auch währenddessen. Ich möchte euch Traditionen und Bräuche vorstellen und beschreibe euch wie viele Fans weltweit American Football zelebrieren. Ich sage euch aber jetzt schon, dass ich sicherlich nicht im Stande bin, alles zu Papier bringen zu können, weil einfach die Bandbreite viel zu groß ist und vieles von Land zu Land oder Region zu Region variiert. Dieser Umstand ist natürlich und vor allem der Kreativität der Fans geschuldet, die sich von Jahr zu Jahr immer wieder Neues einfallen lassen. Aber ich bin mir sicher, dass ich euch einen guten Überblick mit einem großen Wiedererkennungswert verschaffen kann. Natürlich bleibe ich wieder meiner Linie treu und versuche komprimiertes Wissen leicht verständlich und nachhaltig zu vermitteln. Und das unabhängig von der Altersgruppe und den Vorkenntnissen. Also lasst euch fallen und taucht tiefer in die Welt des amerikanischen Nationalsports ein.

WAS BEDEUTET DAS JETZT FÜR MICH?

Wenn ich es kurz machen wollte, würde ich einfach schreiben: „Recherche, Schreibarbeit und ein bisschen zeichnen", aber das wäre dann doch etwas zu einfach gewesen. Natürlich ersetzt nichts die Recherche, aber auch meine eigenen Erfahrungen sind mit eingeflossen. Als Jahrzehnte langer Fan hat man schließlich schon einiges Mitbekommen und die Besuche vieler nationaler und ein paar internationaler Spiele haben ihr Übriges dazu beigetragen, ebenso die Erfahrungsberichte anderer Fans und auch einiger aktiver American Footballspieler, die ich kennenlernen durfte. Dabei versuche ich auch dieses Mal wieder, euch alle abzuholen und euren Horizont mit interessanten Erklärungen, Geschichten und Anekdoten zum Thema zu erweitern. Natürlich wird es auch sicherlich wieder den einen Fan oder die eine Community geben, die dem Ganzen noch einen draufsetzen könnten, aber es ist auch nicht mein erklärtes Ziel, bei allen Aspekten in die tiefsten Tiefen zu gehen, sondern erst mal eine Basis zu schaffen, auf der man aufbauen kann, wenn man tiefer ins Detail gehen möchte.

UND WAS BEDEUTET DAS JETZT FÜR EUCH?

Diese Frage, könnt nur ihr beantworten. Ich hoffe natürlich dennoch, dass ihr viel Freude mit diesem Buch habt und wie bereits erwähnt, einen Mehrwert daraus ziehen könnt. Dass vielleicht auch langjährige, eingefleischte Fans noch etwas Neues dazulernen können oder dass ihr auch einfach noch ein paar Anregungen mitnehmen könnt, um euren Football-Sonntag zu verschönern. Sollten jetzt alle Argumente immer noch nicht gezogen haben und alle Stricke reißen, bleibt es immerhin noch ein Buch, das ihr als Türstopper oder zum Unterlegen eines wackelnden Tisches nutzen könnt.

Aber genug der vielen Vorworte. Ich hoffe, dass euch dieses Buch viel Freude bereitet und ihr auf eure Kosten kommt. Der nächste Schritt ins zweite Quarter ist gemacht!

#02 ÜBER CHEERLEADER & MARCHING BANDS

UNVERZICHTBARE WEGBEGLEITER

Cheerleader und Marching Bands sind so eng mit American Football verbunden, dass man sich das eine gar nicht mehr ohne das andere vorstellen kann. Ihre Showeinlagen und Choreografien sind ein fester Bestandteil geworden, auf die kaum ein Zuschauer verzichten möchte. Dabei können sie auf eine fast ebenso lange, belebte Geschichte zurückblicken, wie der American Football selbst. Heutzutage sind ihre einstudierten Auftritte das Ergebnis eines ständigen Optimierungsprozesses, so dass sowohl Cheerleader-Teams, als auch Marching Bands nicht selten selbst abseits des Spielfelds mit ihresgleichen bei Meisterschaften auf nationaler und internationaler Ebene messen. Sie selbst schaffen es damit, eine stetig größer werdende Anhängerschaft, zu begeistern und sich immer größerer Beliebtheit zu erfreuen. Letzteres ist auch der Grund, warum ich eigentlich gar nicht daran vorbeikam, dem Cheerleading und den Marching Bands ein eigenes Kapitel in diesem Buch zu widmen, um ihnen die verdiente Anerkennung teilwerden zu lassen, die sie verdienen.

CHEERLEADING

Der Begriff „Cheerleading" setzt sich aus „cheer" (= Beifall) und „lead" (= führen) zusammen und definiert bereits die eigentliche Aufgabe der Cheerleader. Sie sollen ihre eigene Sportmannschaft anfeuern und das Publikum animieren. Bereits im November des Jahres 1889 begann die Geschichte des Cheerleading an der Universität Minnesota, in den Vereinigten Staaten von Amerika und ist somit weit über 100 Jahre alt. Damals dachte aber noch niemand daran, dass Cheerleading einmal eine von Frauen dominierte Sportart werden würde. Die Anfänge lagen fest in Männerhand. Ein Student feuerte damals seine Mannschaft in einer aussichtslosen Lage ununterbrochen mit Schlachtrufen an. Danach gründete er eine Gruppe von 6 Studenten, die ihre Mannschaft auch weiterhin mit organisiertem Beifall unterstützen sollte. Diese Gruppe wurde als „Yell captains" (=Einheizer) bekannt. 1903 folgte dann Gamma Sigma, eine Bruderschaft, die explizit für männliche Cheerleader gegründet wurde. Dies sollte sich jedoch mit der Emanzipation der Frau bald ändern. Im Jahre 1923 war die Universität von Minnesota erneut Vorreiter und ließ die ersten Frauen am Cheerleading teilnehmen, welche Tanz und Bewegungen zu den Schlachtrufen einbrachten. In den 30er-Jahren kamen die berühmten Pompons dazu. An den Spielfeldrand schafften sie es aber erst zu Zeiten des Zweiten Weltkriegs, als viele Männer zum Kriegsdienst eingezogen wurden. Dies war der Wendepunkt in der Geschichte des Cheer-Sports. Über die Jahre übernahmen die Frauen immer mehr das Ruder, bis sich zwischen 1940 und 1950 gefühlt jedes amerikanische Mädchen Teil einer Cheerleader-Gruppe war. Das Bild des weiblichen Cheerleaders brannte sich in den Köpfen der Menschen weltweit ein. In den 1970er und 1980er-Jahren, erfuhr das Cheerleading erneut einen Wendepunkt, indem Profisportligen, wie die NFL; in den USA auf professionelle Cheerleader zurückgriffen und nicht mehr auf High School-Mädchen. Außerdem wurden seit 1978 auch Meisterschaften im Cheerleading veranstaltet. Heute gibt es weltweit über 4,5 Millionen Cheerleader in über 70 Ländern, im Alter von 4 bis 40

Jahren, wovon 97 Prozent weiblich sind. Dabei hat sich aber über die Jahrzehnte nicht nur die Geschlechterverteilung geändert, sondern auch das Cheerleading selbst. Aus dem Organisieren von Beifall, hat sich eine eigene Sportart etabliert, die Elemente des Tanzens, Akrobatik und Turnens miteinander vereint. Es wird sich nicht nur auf das Anfeuern von Sportmannschaften beschränkt, man versuch sich auch das ganze Jahr über im Wettkampf, bei nationalen und internationalen Wettkämpfen, zu messen. Dabei werden die Squads, wie Cheerleader-Gruppen auch genannt werden, in zwei Kategorien unterteilt.

Cheerleading

Das reine Cheerleading oder Competitive Cheering, kann mittlerweile als eigenständige Sportart angesehen werden. Die Squads, wie die Cheerleader-Gruppen auch genannt werden, vereinen Akrobatik, Bodenturnen und Tanz in ihren Choreografien. Dies ist auch der Grund, warum sich diese Gruppen aus Männern und Frauen zusammensetzen. Dabei benutzen sie hierbei keine Hilfsmittel wie Pompons. Die Koordination von Kraft, Gleichgewicht, Kondition und Rhythmusgefühl stehen im Vordergrund. Aus diesem Grund wird dieser Typ von Cheerleader hierzulande auch gerne als Stunt-Cheerleader bezeichnet, benannt nach den Hebefiguren, die sie zeigen. Um ihre Choreografien, die sie in mehrminütigen Auftritten bestmöglich auf die Matte zu bringen versuchen, müssen diese Jungs und Mädels fit sein. Und wenn ich fit meine, meine ich richtig, richtig fit, weshalb auch ein hartes Training vorausgesetzt wird. Viele Cheerleader betreiben aus diesem Grund auch oft eine zweite Sportart, wie Turnen, um den Körper auf die Belastungen vorzubereiten und einzustellen. Dies ist auch notwendig, denn Verletzungen stehen an der Tagesordnung. Einige der häufigsten Verletzungen, die sich diese Art von Cheerleadern zuziehen, sind gebrochene Arme und aufgeplatzte Lippen, die zum Beispiel während den Pyramiden passieren. Bänderverletzungen, Verstauchungen und blaue Flecken kommen leider auch häufig vor. Nicht umsonst, ist diese Sportart auf Platz 2 der katastrophalen Verletzungen in den USA. Um von solchen Verletzungen verschont zu bleiben, hilft, neben der eigenen Fitness, nur Übung und eine gehörige Portion Mut und Vertrauen in die eigenen Team-Kollegen. Die Routinen müssen sitzen. Aus diesem Grund hat jeder im Team eine feste Aufgabe.

- *Back*
  Der Back unterstützt die Main- und die Sidebases dabei, den Flyer bei seinem Stunt zu helfen.

- *Base*
  Die Base behalten immer Bodenkontakt, dabei stehen sich Main- und Sidebase gegenüber, um den Flyer zu halten und zu fangen.

- *Flyer*
  Der Flyer vollführt die eigentlichen Stunts und wird dabei von den Main- und Sidebases getragen.

- *Front*
  Der Front dient als zusätzliche Absicherung bei schwierigen Stunts, damit dem Flyer nichts passiert, wenn es darum geht aufgefangen zu werden.

- *Spotter*
  Der Spotter ist nicht aktiv an einem Stunt beteiligt und greift nur ein, wenn ein Stunt schiefgeht.

- *Tumbler*
  Tumbler sind die Turner einer Squad. Ihnen fallen Saltos, Flick Flacks, Radwenden, usw. zu, während der Rest der Squad sich in Stellung bringt.

Cheerdance

Beim Cheerdance oder Sideline Cheering steht der Tanz im Vordergrund, weshalb diese Squads auch Dance-Cheerleader genannt werden. Sie kombinieren verschiedene Musikrichtungen mit Tanzelementen und benutzen dabei auch das berühmteste Markenzeichen im Cheerleading, die Pompons, um die Sportmannschaft zu unterstützen, das Publikum anzupeitschen und zum Jubeln zu animieren. Dazu wird ein Sprechgesang mit passender Mimik und Gestik vorgetragen, die Chants. Diese Anfeuerung kann spontan während eines gesamten Spiels, bei Spielunterbrechungen, nach dem Spiel oder auch mal bei besonderen Veranstaltungen eingesetzt. Meist werden sie mehrmals wiederholt. Wenn diese Kombination aus Worten und Tanzbewegungen länger andauert, spricht man von Cheers. Zu alledem gehört auch ein schönes Aussehen, sowie hübsche Kostüme und Schleifen im Haar, um den Erwartungen der Zuschauer gerecht zu werden und sie auch durch ihre Optik zu animieren. Auch wenn beim Cheerdance die Akrobatik nicht im Vordergrund steht, ist körperliche Fitness und Ausdauer, genauso wie Taktgefühl notwendig, weshalb auch viele Dance-Cheerleader oftmals in anderen Tanzgruppen aktiv sind, um dem zuzuarbeiten. Außerdem bietet gerade Cheerdance den jüngeren Cheerleadern die optimale Chance, in dieser Sportart Fuß zu fassen.

- *Cheer Captain*
  Die Aufgaben eines Cheer Captains können von Squad zu Squad variieren, aber grundsätzlich ist er oder sie immer der verlängerte Arm des Trainerstabs.

Der Cheer Captain choreografiert Routinen, ist Anlaufstelle und Bindeglied zwischen Trainer und der Squad, ist Schlichter, Sprecher und leitet das Aufwärmen oder organisiert Spendenaktionen.

MARCHING BANDS

Wenn man an Marching Bands denkt, hat man sofort große Marschkapellen vor Augen, bestehend aus Männern und Frauen die in bunten Uniformen mit goldenen Pailletten gekleidet sind. Sie marschieren im Gleichschritt, in einer perfekten Formation und spielen dabei ihre Instrumente. Dieses Sinnbild kommt natürlich nicht von irgendwoher, denn Marching Bands haben ihren Ursprung bereits seit sehr vielen Jahrzehnten, genauer gesagt stammen sie aus der Zeit des Bürgerkriegs der Vereinigten Staaten von Amerika. Die damaligen Marching Bands kann man natürlich nicht mit unseren heutigen vergleichen, sind sie doch, aus einem rein militärischen Hintergrund entstanden. Ihre Aufgabe bestand darin, mit ihren Klängen den Gleichschritt der Truppenformationen zu gewährleisten und die Soldaten im Kampf anzufeuern. Dementsprechend beschränkten sie sich logischerweise auch nur auf rein militärische Marschlieder. Dies änderte sich jedoch nach dem Krieg. Es kam, wie es kommen musste und so wurde im Jahr 1845 die erste College Marching Band an der Universität von Notre Dame gegründet. Allerdings sollte es noch weitere 42 Jahre dauern, bis sie erstmals 1887 bei einem American Football-Spiel spielten. Viele weitere Universitäten gründeten nach und nach Marching Bands, die aber kaum bei Sportveranstaltungen zur Geltung kamen. Dies änderte sich erst nach dem Zweiten Weltkrieg, als immer mehr Marching Bands auch Einzug in die High Schools und Colleges der USA hielten, um dort die Sportmannschaften bei ihren Spielen zu unterstützen und das Publikum zu unterhalten. Es wurden aber auch etliche private Marching Bands gegründet. Die alten Marschlieder begannen zu weichen und die Richtung der modernen Marching Bands entstand in den 1960er-Jahren. Man stieg auf Pop, Jazz und Blues um, verzichtete aber nie zur Gänze auf die Marschlieder. Den Uniformen hielt man ebenso die Treue. Heute sind Marching Bands oder die nicht marschierenden Ableger, die Pep Bands, ein fester Bestandteil von American Football und kaum mehr aus einem Stadion wegzudenken. Ihre Größe schwankt zwischen 50 und 200 Akteuren und umfasst Blechblasinstrumente, Holzblasinstrumente, sowie Schlaginstrumente, aber auch Effektinstrumente.

Drum Major

Der Drum Major, auch Field Commander genannt, gibt den Ton in einer Marching Band an. Er führt die Band beim Marschieren an, gibt die Lieder vor, die gespielt werden und dient auch in anderen Belangen als verlängerter Arm des Banddirektors. Zu erkennen ist der Drum Major an seiner aufwendiger gestalteten Uniform. Seine Befehle gibt er gestikulierend, mündlich, mit einer Pfeife, Taktstock, usw.

Guards

Guards, auch Color Guards oder Auxiliaries, begleiten die Marching Band bei ihren Auftritten. Sie sind mit ihren bunten Anzügen, im wahrsten Sinne des Wortes, das Eye Candy der Choreografie und unterstützen sie mit ihren Requisiten, wie Fahnen, Gewehren oder Säbeln. Sie haben aber auch Tanz- und Showeinlagen in ihrem Repertoire.

Section Leader

Ein Section Leader ist der Verantwortliche für seine musikalische Abteilung einer Instrumentengruppe einer Marching Band und stehen in der Hierarchie unter dem Banddirektor und Drum Major.

#03 IM & UM DAS STADION HERUM

IT'S GAMEDAY

In diesem Kapitel dieses Buches möchte ich direkt mit dem ganzen Spektakel beginnen, dass sich an Spieltagen im und um die Stadien herum abspielt. Dabei sollte man meinen, die Feierlichkeiten sind direkt an das Spiel gebunden, aber weit gefehlt. Lange vor Anpfiff werden Stadion, Parkplätze und Innenstädte zu Partyzonen, bei denen jeder auf seine Kosten kommt. Doch damit nicht genug, denn je nach Stellenwert, den American Football in einer Stadt einnimmt, wird alles in den Farben der Heimmannschaft getaucht. Fahnen werden aufgehängt, Autos geschmückt, Fanartikel aufgetragen und noch vieles mehr, um aus einem Spieltag ein unvergessliches Erlebnis zu machen.

VOR DEN STADIEN

Bereits viele Stunden vor Spielbeginn zieht es die Fans in die Stadien und auf deren Gelände, um sich dort zu treffen, gemeinsam zu essen, zu fachsimpeln und so gemeinsam die Wartezeit bis zum Spiel zu überbrücken. Daraus haben sich zwei bekannte, soziale Events entwickelt, die alle Altersklassen, Hautfarben und Religionen miteinander verbindet.

Tailgate Parties
Tailgate Parties, auch Heckklappen-Parties, finden, wie man aus ihrem Namen ableiten kann, auf den Parkplätzen der Stadien statt und sind das gesellschaftliche Ereignis für viele Fans. Dabei kommen die Anhänger beider Fanlager ausnahmslos friedlich zusammen und verwandeln die

17

Parkplätze in bunte Feldlager, in denen man schnell in die richtige Stimmung für das bevorstehende Spiel gebracht wird. Die Besucher bringen dabei ihre eigenen Getränke und ihr eigenes Essen mit, dass sie auch untereinander bereitwillig teilen. Es wird gemeinsam gegrillt, das eine oder andere Bier dazu getrunken und ein paar Bälle geworfen oder auch andere Spiele gespielt. Da ist es kaum verwunderlich, dass sich Tailgating manchmal größerer Beliebtheit erfreut, als das eigentliche Spiel selbst und kann bereits auf eine hundertjährige Tradition im American Football zurückblicken. Manchmal werden Tailgate Parties auch noch nach den Spielen veranstaltet oder dazu genutzt Spendengelder für die einzelnen Sportabteilungen von Vereinen, Schulen oder andere Projekte zu sammeln.

- *Beliebte Tailgate-Essen*
  Eine Tailgate Party kann man sich im Grunde wie ein riesiges Grillfest vorstellen, nur eben auf einem Parkplatz und wie sollte es auch anders sein, mit Autos dazwischen. Dementsprechend findet man dort auch immer wieder die gleichen Speisen, wie auf einem klassischen Grillfest. Ich versuche mich hier kurzzufassen, da ich in einem späteren Teil dieses Buches noch auf weiteres typisches Essen beim American Football eingehen werde.

  o *Gebackene Bohnen*
    Gebackene Bohnen oder Baked Beans sind ein traditionelles Gericht, bei dem weiße Bohnen mit Tomatensoße in einer Pfanne gebacken werden.

o *Hamburger*
Hamburger sind das wohl weltweit bekannteste Gericht, welches man auf Tailgate Parties findet. Das Fleisch ist schnell gegrillt, man hat keinen Aufwand bei der Zubereitung und braucht keine Teller oder Besteck beim Essen. Ich glaube hier liegen die Vorteile auf der Hand.

o *Hot Dogs*
Hot Dogs haben im Grunde die gleichen Vorzüge wie Hamburger. Ein Würstchen ist schnell zubereitet und schneller gegessen. Also genau das richtige Essen für Tailgating.

o *Kartoffelchips*
Dünn frittierte oder gebackene Kartoffelscheiben sind immer eine einfache und gute Beilage... wenn man nicht auf die Kalorien achtet.

o *Salate*
Verschiedenste Salate, wie Kartoffel-, Kraut- oder Nudelsalate machen nicht nur satt und passen exzellent zu Gegrilltem, sie lassen sich auch wunderbar Zuhause vorbereiten.

- *Beliebteste Spiele*
  Auf einer Tailgate Party geht es nicht nur um American Football, auch wenn es der Grund für dieses gesellschaftliche Ereignis sein mag. Viele nutzen die Gelegenheit, um Rasen- und Geschicklichkeitsspiele mit anderen zu spielen und sich so die Wartezeit ein wenig zu vertreiben.

  - *Bier-Pong*
    Ein aufstrebendes Trinkspiel, das sich weltweit immer größerer Beliebtheit erfreut. Dabei müssen Tischtennisbälle in gefüllte Bierbecher geworfen werden, die der Gegenüber dann austrinken muss.

  - *Cornhole*
    Bei Cornhole oder auch Sackloch, wird abwechselnd versucht, ein mit Mais gefülltes Säckchen in ein Loch in einer schrägen Plattform zu werfen. Der Spieler, der die meisten seiner Säckchen versenken konnte, gewinnt.

- *Hufeisenwerfen*

  Beim Hufeisenwerfen wird versucht mit 4 Hufeisen einen im Boden steckenden Pfahl zu treffen. Auch hier gewinnt der Spieler mit den meisten Treffern.

- *Leitergolf*

  Beim Leitergolf wird eine spezielle Leiter aufgestellt, dessen Sprossen von einer Golfball-Bola getroffen und umwickelt werden muss.

Pregame Parties

Von den Tailgate Parties auf den Parkplätzen, wollen wir nun einen Schritt weiter Richtung Stadion gehen. Pregame Parties oder Power Parties finden in der Regel auf dem Stadiongelände statt und werden im Gegenzug zu den Tailgate Parties, welche die Fans veranstalten, von den Mannschaften organisiert. Gerade bei uns in Europa, wo sich das Tailgating aus diversen Gründen noch nicht so etablieren konnte, sind diese Veranstaltungen oftmals die einzigen Möglichkeiten vor dem Spiel mit anderen Fans zusammen zu kommen. Während es beim Tailgating die Fans nicht so eilig haben, pünktlich zum Spiel zu kommen oder das Spiel sogar komplett vom Parkplatz aus verfolgen, bleibt den Fans auf den Pregame Parties oft keine andere Wahl, als pünktlich zu sein, da die Feierlichkeiten oft nur bis kurz vor Spielbeginn andauern. Dabei wird auf den Pregame Parties etwas für die ganze Familie geboten. Keiner kommt zu kurz. Es gibt Stände mit Merchandise-Artikeln, Cheerleader führen ihre neuesten Cheers vor, Trainer und Spieler geben Interviews und Autogramme und für die Jüngsten werden Hüpfburgen und andere Attraktionen aufgebaut. Gutes Essen und Getränke fehlen dabei genauso wenig, wie die passende Musik, um die Fans einzustimmen.

IN DEN STADIEN

Wer sich bisher gut unterhalten gefühlt hat, wird im Stadion erst recht auf seine Kosten kommen. Nicht nur, dass es endlich richtig mit Spektakel auf dem Spielfeld losgeht, es gibt auch wieder einiges mehr zu erleben und zu bestaunen. Also nehmt eure Sitzplätze ein und genießt die Show.

Vor dem Spiel
Die Ränge haben sich bereits gut gefüllt, Musik erklingt über die Stadionlautsprecher und Werbung wird auf der Videoeinwand gezeigt, die Vorfreude der Fans ist fast greifbar, aber bevor das Spiel nun endlich angepfiffen wird, müssen wir uns noch etwas gedulden.

- *Kabinenansprache & Gemeinsames Gebet*
  Bevor die Mannschaften das Spielfeld betreten, ziehen sich die Spieler in der Kabine nicht einfach nur um, es wird bereits jetzt der Grundsteine für den Sieg gelegt. Die Trainer und die Team Captains gehen ein letztes Mal die Taktik durch, halten ihre Ansprachen und beten gemeinsam, damit ihre Mannschaftskameraden hoch motiviert und fokussiert in das bevorstehende Spiel gehen.

- *Der Einlauf*

  Beim American Football kommt die Heimmannschaft immer mit großem Getöse und lauter Einlaufmusik auf das Spielfeld. Dabei durchqueren die Spieler nicht selten Nebelbänke, zerreißen Papierbanner, rennen zwischen Flammensäulen oder aufgeblasenen Helmen oder Ähnlichem durch, um einen spektakulären Auftritt hinzulegen und bereits jetzt den Gegner einzuschüchtern. Nicht selten werden dabei auch der Quarterback, die Team Captains und Starspieler unter frenetischem Jubel der Zuschauer explizit namentlich vom Stadionsprecher vorgestellt.

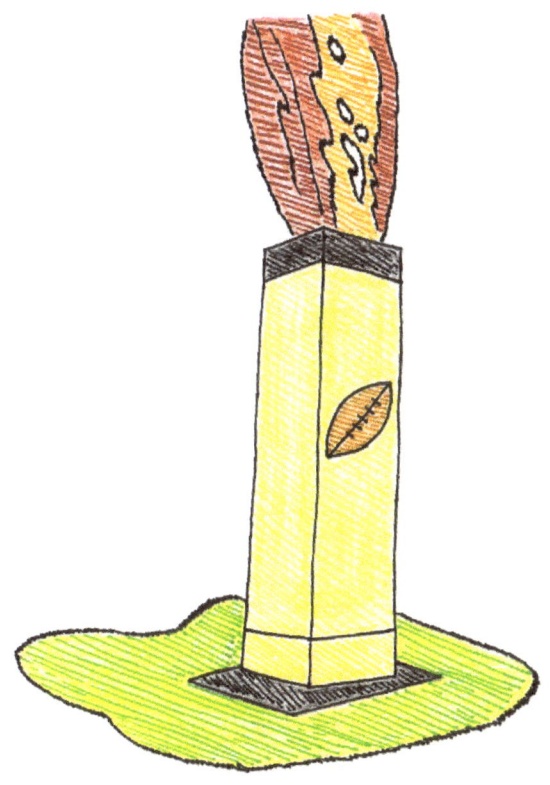

- *Die Nationalhymne*

  In einigen Ländern, in denen American Football gespielt wird, ist es selbstverständlich, dass vor dem Spiel die Nationalhymne gespielt wird. Die Spieler beider Teams und deren Trainerstab stehen dabei aufrecht am Spielfeldrand, um ihre Fahne zu ehren. Je höher die Liga, in der gespielt wird oder bei besonderen Spielen, wie Playoffs oder Meisterschaften, singen sogar regionale oder internationale Interpreten die Hymne. Oftmals wird das Singen der Hymne auch gerne mit Pyroeffekten untermalt, um die Dramatik zu steigern.

  - *Kniefall*

    Der Kniefall bei der Nationalhymne ist mittlerweile das Zeichen der Stunde geworden. In den USA wurde er erstmals 2016 in der NFL als Protest gegen Rassismus im eigenen Land durchgeführt. Mittlerweile ist der Kniefall ein weltweites Symbol des Protests geworden und beschränkt sich schon lange nicht mehr nur noch auf American Football.

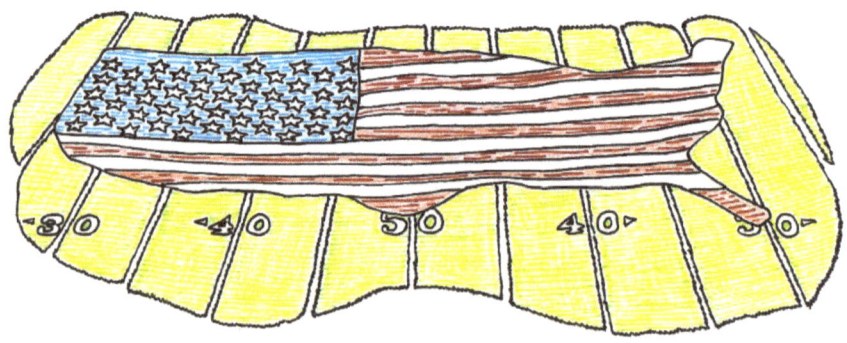

- *Flyover*

  In Amerika hat sich auch eine ganze besondere Tradition zum Abschluss der Nationalhymne entwickelt. Wenn die letzten Zeilen gesungen werden, wird das Stadion von Düsenjägern oder Hubschraubern der United States Air Force überflogen. Obwohl Flyover auch schon viel früher stattfanden, wurde diese zeremonielle Geste 2009 vom Verteidigungsministerium und der NFL zu einem festen Bestandteil vor den Spielen gemacht, um die patriotische Moral der Amerikaner zu heben und die Hymne dadurch zu ehren. Das bei so einem Spektakel auch ganz nebenbei die Herzen aller Zuschauer höherschlagen, ist ein Nebeneffekt, gegen den man sich schwer wehren kann.

- *Veteranenehrungen*
  Im Mutterland des American Football wird, wie vielen bereits bekannt sein dürfte, Patriotismus großgeschrieben. Aus diesem Grund werden American Football-Spiele genutzt, um Veteranen zu ehren, die sich im Kampf um ihr Land verdient gemacht haben. Aber auch Soldaten im aktiven Dienst und ihren Familien wird dabei Anerkennung und Dankbarkeit zuteil. Natürlich ist es auch kaum verwunderlich, dass dadurch auch Rekrutierungswerbung und Informationsstände Einzug in die Stadien hielten. Diese geht sogar so weit, dass die National Football League eine Kampagne mit dem Militär ins Leben gerufen hat, die als „Salute to Service" bekannt geworden ist. Dabei dominiert die Farbe Oliv und Camouflage-Muster auf und neben dem Feld, bei Spielern und Trainerstab.

- *Kampf gegen Krebs*

  Oft wird die Verbundenheit der Fans zu American Football genutzt, um die Menschen für das Thema Krebs zu sensibilisieren und Geld für die Krebsforschung zu sammeln. Auch hier geht die NFL wieder, als bekannteste Profiliga voraus. Im Monat Oktober sammelt die NFL mit der Aktion „Crucial Catch – Intercept Cancer" Geld für die American Cancer Society. Dazu tragen die Teams bunte Teambekleidung, die nach dem Monat versteigert wird. Viele andere Ligen folgen diesem Beispiel und organisieren selbst Aktionen, um gemeinnützige Organisationen im Kampf gegen den Krebs und anderer Krankheiten zu unterstützen.

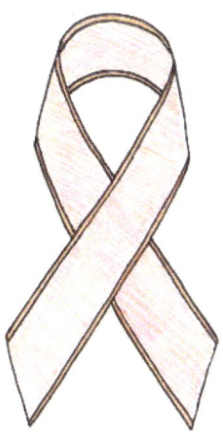

- *Die Ballübergabe*
  Um American Football spielen zu können, benötigt man auch einen Spielball, aber wo kämen wir hin, wenn man das Spielgerät einfach so auf das Spielfeld bringen würden, anstelle ein weiteres kleines Highlight daraus zu machen? Um den Zuschauern etwas zu bieten, hat man sich vieles überlegt. Oft wird der Ball von berühmten Persönlichkeiten, Veteranen, ausgewählten Zuschauern oder dem Maskottchen auf das Spielfeld getragen. Wenn es etwas extravaganter sein soll, wird der Ball auch mal mit einer Drohne abgeliefert oder von einem Fallschirmspringer gebracht.

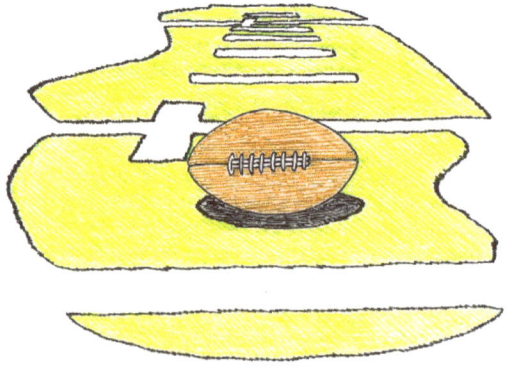

- *Der Coin Toss*

  Der Coin Toss oder Münzwurf ist sozusagen der letzte offizielle Akt vor einem heiß ersehnten Spiel. Der eigentliche Münzwurf wird vom Referee, dem Hauptschiedsrichter und den Captains der Teams in der Mitte des Spielfelds durchgeführt. Die Gastmannschaft hat Wahlrecht, der Gewinner entscheidet über das Angriffsrecht. Dennoch kommt es hin und wieder einmal vor, dass vorab erst mal ein symbolischer Münzwurf von einem besonderen Gast des Spiels, meist eine Person des öffentlichen Lebens, durchgeführt wird.

Während des Spiels

Es ist endlich soweit. Das Spiel ist in vollem Gange und bei der Jagd um Punkte wird um jedes Yard gekämpft. Und auch hier haben sich einige Traditionen über die Jahre herauskristallisiert, die gar nicht mehr wegzudenken sind.

- *Crowd Noise*

  Beim American Football kennen die Zuschauer im Stadion, während eines Spiels, oft nur zwei Zustände: laut und leise. Genauer gesagt, sind die heimischen Fans leise, wenn die eigene Offense auf dem Feld steht und eskalieren, wenn die eigene Defense ran muss. Seltsam, oder? Immerhin könnte man meinen, dass der „12. Mann", wie man die Fans der Heimmannschaft auch gerne nennt, das ganze Spiel über Gas geben sollte. Natürlich habe ich auch dafür plausible Gründe für euch parat. Wenn es im Stadion leise wird, kann der eigene Quarterback auf dem Feld viel besser mit seinen Mitspielern kommunizieren, die Spielzüge vorgeben und Anpassungen in der Formation vornehmen. Hat man sich dies verinnerlicht, wird einem klar, warum dann umso mehr Lärm machen muss, wenn der Quarterback der Gäste mit seiner Offense auf dem Feld steht. Die Kommunikation mit seinen Mitspielern wird erschwert und zwingt sie so zu Fehlern, was wiederum der eigenen Defense zugutekommt.

- *Verletzungen*
American Football ist eine Vollkontaktsportart, bei der es nur selten zimperlich zur Sache geht. Da gehören Verletzungen schon fast zur Tagesordnung. Sollte es sich dabei um eine schwere Verletzung handeln, zeigen die Spieler auf dem Feld ihren Respekt und ihr Anteilnahme, indem sie auf ein Knie runtergehen. Dabei spielt es keine Rolle, ob der Verletzte im eigenen oder im gegnerischen Team spielt. Auch das Publikum lässt den Verletzten wissen, dass es hinter ihm steht und dass Fairplay im American Football großgeschrieben wird. Die Zuschauer klatschen, bis der Verletzte aus eigener Kraft oder durch Hilfe das Spielfeld verlassen hat.

  o *Die häufigsten Verletzungen*
  Die häufigsten Verletzungen, die im American Football weltweit vorkommen, sind neben kleineren Blessuren, Gehirnerschütterungen, gerissene Kreuzbänder und Verletzungen der Sehnen der Rotatorenmanschette.

- *Punkte feiern*

  Egal wie heiß umkämpft ein American Football-Spiel auch sein mag, früher oder später werden mit ziemlicher Sicherheit Punkte erzielt. Und wenn es soweit ist, werden diese auch gebührend von den Spielern und Fans gefeiert. Der Fantasie der Spieler sind hierbei keine Grenzen gesetzt und man darf jedes Mal aufs Neue gespannt sein, was man nach einem Punktgewinn zu sehen bekommt. Der Ablauf in den Stadien ist aber häufig ähnlich. Der Stadionsprecher feiert die Punkte lautstark mit den Fans, Musik ertönt, die Anzeigetafel leuchtet dazu in allen Farben, Fahnen werden durch die Endzone getragen oder Feuerwerkskörper abgefeuert, um das Ganze zu unterstreichen.

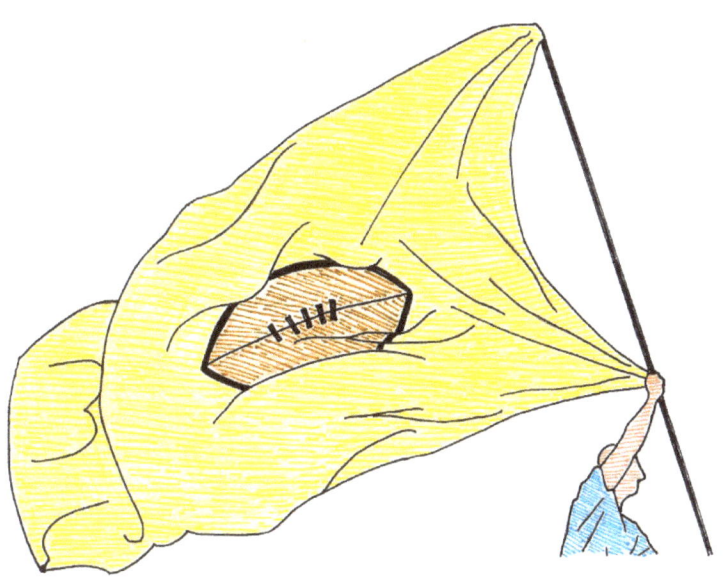

Die Halbzeit
Während die Trainer in den Katakomben ihre Mannschaften auf die zweite Spielhälfte einschwören und die Zuschauer sich mit frischen Getränken und Snacks eindecken, steht das Geschehen auf dem Spielfeld noch lange nicht still.

- *Die Halbzeitshow*
  Auch wenn die Halbzeit nicht allzu lange dauert, kann sie einem, während eines packenden Spiels, wie eine Ewigkeit vorkommen. Um also den Zuschauern die Wartezeit auf die zweite Hälfte zu verkürzen, wird ihnen noch etwas geboten. Oft nutzen die Cheerleader oder Marching Bands die Pause, um den Fans eine ihrer speziell dafür einstudierten Choreografien vorzuführen. Aber auch Musiker werden gelegentlich eingeladen vor dem heimischen Publikum zu performen. Hier gilt je höher die Liga in der gespielt wird, umso spektakulärer auch die Halbzeitshows. Das bei Meisterschaftsspielen das Ganze dann nochmals eine Klasse spektakulärer aufgezogen wird, kann man sich sicherlich denken.

- *Spiele*
  Die etwas andere Form der Halbzeitunterhaltung können Spiele sein. Gerade in Europa ist dies bei den gängigen Mannschaftssportarten keine unübliche Form um den Fans die Halbzeit zu versüßen. Meist von Sponsoren der Teams organisiert, dürfen ausgewählte Fans ihr Können in verschiedenen Disziplinen rund um American Football unter Beweis stellen. Als Belohnung winken Fanartikel, Meet and Greets mit Spielern oder Eintrittskarten für weitere Heimspiele. Hinzu kommt die einmalige Erfahrung, vor dem jubelnden Publikum den heiligen Rasen betreten zu dürfen. Von Ruhm und Ehre ganz zu

schweigen, wenn man es schafft ein solches Spiel zu gewinnen.

Nach dem Spiel
Alles hat einmal ein Ende, auch beim American Football und so ist auch jedes Spiel dieser Sportart endlich. Wer jetzt sofort aufsteht und aus dem Stadion stürmt, kommt vielleicht schneller vom Parkplatz weg, aber ihm wird definitiv auch etwas entgehen.

- *Siege feiern*
  Siege werden in der Regel immer hart erkämpft und verständlicherweise vom Sieger auch gebührend gefeiert. Erst recht wenn der Sieg vor heimischer Kulisse erfolgt ist. Dabei beschränken sich die Spieler nicht nur darauf auf dem Platz zu feiern. In der Kabine geht es weiter und in den folgenden Tagen wird man sicherlich auch noch das ein oder andere in den sozialen Medien lesen und sehen können.

  o *Gatorade-Bad*
    Das Gatorade-Bad, auch Gatorade-Dusche, ist eine jüngere Tradition, die ihren Ursprung in den 80ern hat. Dabei wird dem Headcoach, einem anderen Trainer oder Mannschaftseigner bei einem bedeutenden Sieg ein Getränkekübel mit einem isotonischen Sportgetränk (meist Gatorade) übergekippt.

- *Feuerwerk*
  Was soll man hierzu schon großartiges schreiben? Bedeutende Siege und Meisterschaften werden mit einem Feuerwerk gefeiert. So war es und so wird es bleiben und wenn wir ehrlich sind, wollen wir es auch so haben.

- *Konfettiregen*
  Feuerwerke sind der eine Teil, die zu einem besonderen Sieg dazugehören, aber nichts macht einen perfekten Moment magischer und sorgt für spektakulärere Bilder, als ein Konfettiregen, der beim Überreichen eines Pokals einsetzt.

- *Spielball verschenken*
  Diese Tradition bekommen Fans leider nicht mehr live im Stadion mit, da es sich ausschließlich in der Kabine abspielt. Dabei wird der Mann des Spiels von Trainern und Mannschaftskameraden für seine besonderen Leistungen geehrt und mit dem Spielball ausgezeichnet. In anderen Ligen bekommen überragende Spieler auch Sticker, die sie als Auszeichnung auf ihre Helme kleben dürfen. Ganz müssen die Fans natürlich nicht auf diese Zeremonien verzichten. Moderner Medien sei Dank, kann man sich diese Ehrungen auch im Nachhinein ansehen.

- *Fairplay*

  Egal wie das Spiel ausgegangen ist oder wie hitzig es auf dem Feld zur Sache ging, Fairplay wird im American Football großgeschrieben. Der Headcoach mit seinem Stab betritt das Spielfeld und gratuliert seinem Gegenüber zum Sieg, zollt ihm Respekt und man tauscht gelegentlich auch ein paar Nettigkeiten aus. Ebenso die Spieler rund um ihren Quarterback gratulieren ihren Gegenspielern, was zuvor auf dem Spielfeld geschehen ist scheint vergeben und vergessen. In einigen Profiligen hat sich sogar in den letzten Jahren die Tradition des Trikottausches etablieren können.

MANNSCHAFTSTRADITIONEN

Auch wenn sich die Traditionen der einzelnen Mannschaften im American Football nicht nur auf die Stadien beschränken, so sind sie dennoch bei jedem Spiel allgegenwärtig und gehören einfach hierher.

Logos

Zu einem richtigen Team, das American Football spielt, gehört auch ein aussagekräftiges, individuelles Logo. Es vereint nicht nur die Mannschaftsfarben und den Namen miteinander, sondern ist auch das Aushängeschild des Teams.

Maskottchen

Passend zum Logo, hat jedes Team, das auch etwas auf sich hält, ein individuelles Maskottchen, dass Glück und natürlich den Sieg bringen soll. Dabei können Maskottchen, passend zum Teamnamen, ein Tier, Mensch, Fantasiewesen oder auch ein Gegenstand sein. Wichtiger ist die Präsenz am Spielfeldrand und dass die Fans es auch immer sehen können.

Fight Songs

Fight Songs, Kampflieder oder auch Mannschaftshymnen, gehören zu den ältesten Traditionen im American Football. Oft werden sie mit Stadionhymnen verwechselt, aber obwohl sie sich ähneln, handeln Fight Songs ausschließlich von ihrer Mannschaft. Oftmals sind sie auch überregional bekannt geworden und viele von ihnen blicken auf eine lange Geschichte zurück. Einige andere sind modern und viele liegen irgendwo dazwischen, aber was sie alle gemeinsam haben, ist der Wiedererkennungswert mit ihren Mannschaften. Sie erzählen ihre Geschichten und verbinden mit ihren langen Traditionen. Dass sie dadurch bei den Fans sehr beliebt sind muss man nicht erst erwähnen. Und so ganz nebenbei kann man mit ihnen auch wunderbar anfeuern.

Mottos

Fast jedes Team im American Football hat ein eigenes Motto, dass es für sich gewählt hat. Manche Mannschaften wechseln die Mottos von Spielzeit zu Spielzeit, andere nennen stolz ein historisch gewachsenes Motto ihr Eigen. Was aber alle Mottos vereint, ist der Zweck und die Macht die Spieler beim Training oder bei den Spielen zu motivieren und Werte wie Mut, Vertrauen oder Einheit unauslöschlich in ihren Köpfen einzubrennen. Aber auch die Fans anzupeitschen und die Mengen der Stadionbesucher in Schwung zu bringen.

Helmmarkierungen

Viele Teams haben es sich zur Tradition gemacht, herausragende Spieler mit einem Aufkleber für den Helm zu ehren. Was für uns jetzt wie ein Belohnungssystem aus der Grundschule aussieht, ist im amerikanischen College Football mit Ehre und Ehrfurcht verbunden. Dabei kann ein Aufkleber für ein herausragendes Spiel, das Erreichen eines persönlich gesetzten Ziels oder für das Erreichen von Mannschaftszielen stehen.

#04 FANS @ HOME

ES MUSS NICHT IMMER DAS STADION SEIN

Nachdem ihr nun schon einen ersten Einblick bekommen habt, was bei einem American Football-Spiel so alles los sein kann, möchte man es eigentlich auf keine andere Weise mehr erleben. Leider lässt sich nicht jedes Spiel im Stadion verfolgen und selbst wenn, kann nicht jedes Team immer das volle Programm für seine Anhänger bieten, was auch unzählige Gründe haben kann. Das beginnt mit der Beliebtheit der Sportart im eigenen Land, geht über die eigentlichen Möglichkeiten der Teams und endet manchmal auch mit eigenen fehlenden finanziellen Mitteln für ein Ticket. Aber ein wahrer Fan lässt sich von so etwas nicht den Spaß an American Football nehmen und so entstanden über die Jahrzehnte unzählige Traditionen und Rituale, die einen Spieltag Zuhause, mit Freunden oder Kollegen ebenfalls zu einem schönen, unvergesslichen Event werden lassen.

ZUHAUSE IST, WO DER FAN IST

Wenn ich über Fans zu Hause schreibe, dann denke ich dabei natürlich nicht nur an das heimische Wohnzimmer. Auch in der Sportsbar an der Ecke, im Vereinsheim oder sonst wo, wo Fans zusammenkommen, kann man es sich nett machen und bei American Football die Sorgen des Alltags einmal hinter sich lassen.

Fanartikel

Fanartikel sind immer eine gute Option, um für ein bisschen Stadionatmosphäre Zuhause zu sorgen und um allen anderen zu zeigen, welchem Team man seine Daumen drückt. Auf der anderen Seite sind Fanartikel auch eine nicht zu unterschätzende Einnahmequelle für die Mannschaften und für Fans auch eine Möglichkeit, die Teams aktiv mit ihrem Geld zu unterstützen. Und ich glaube, ich übertreibe jetzt nicht, wenn ich sage, dass es mittlerweile nichts an Fanartikeln gibt, was es nicht gibt.

- *Caps, Mützen & andere Teambekleidung*
  Ein Jersey seines Lieblingsteams gilt definitiv als die Königin unter den Fanartikeln, aber leider ist so ein Trikot mit seinen leuchtenden Farben nicht für alle Lebenslagen und Witterungen geeignet, vom Preis ganz zu schweigen. Zum Glück haben hier die Marketingabteilungen der einzelnen Teams bereits für Abhilfe gesorgt. Schon Mannschaften in den unteren Ligen, bieten ihrer Anhängerschaft ein breites ein vielfältiges Angebot an Fanbekleidung als Basis für den Einstieg an. Darunter fallen T-Shirts, Jacken, Hosen, und vieles mehr für Freizeit und Alltag für jede Altersgruppe an. Damit bietet sich jedem die Möglichkeit zu jeder Zeit, seine Liebe zu American Football anderen gegenüber zu zeigen.

- *Fahnen, Schals & Schaumstofffinger*
  Fahnen, Schals und Schaumstofffinger sind beliebte Fanartikel mit einem hohen Wiedererkennungswert. Dass es hier um Stadionbesuche geht, dürfte für jeden klar sein. Fahnen, Schals und Konsorten gehören einfach zu Fans im Stadion, wie das Ei zu American Football. Da ist es selbstredend, dass sie sich größter Beliebtheit bei den Fans erfreuen, die ihnen eine hohe

symbolische Bedeutung beimessen und sie auch oft Zuhause stolz zur Schau stellen. Die Stadionatmosphäre gibt es inklusive.

- *Football*
  Einen weiteren Fanartikel, den jeder American Football-Begeisterte sein Eigen nennen sollte, ist ein eigener Football. So ein Football hat dabei natürlich nicht nur die Funktion als Sportgerät der körperlichen Ertüchtigung nachzukommen. Natürlich ist es unumstritten, dass man als wahrer Fan in die richtige Stimmung kommt, wenn man auch mal mit seinen Kumpels im Park oder Garten das Ei ein bisschen durch die Gegend wirft. Auch im Regal ist ein Football ein schöner Hingucker mit hohem Wiedererkennungswert, der in keinem Fanschrein fehlen darf. Dabei können die Bälle in Größe und Aussehen variieren. Das geht von originalen Spielbällen aus den Profiligen, über Fanartikel mit Logos einzelner Teams über Kleinkindergrößen mit quietschbunten Farben. Ein Football eignet sich im Übrigen auch wunderbar als Repräsentationsgrundlage für Autogramme von Spielern.

- *Helme*
  Helme sind ein weiterer aussagekräftiger Fanartikel, der allen zeigt, welche Sportart einem gefällt. Denn was ziert das American Football-Regal zu Hause besser als ein Helm mit dem Logo seines Teams darauf. Dabei spielt es keine Rolle, ob es ein Helm in Miniaturform, ein Replikat oder sogar ein Spielerhelm ist.

- *Jerseys*
  Ein Jersey seines Lieblingsteams sein Eigen nennen
  zu dürfen, ist wohl der Traum eines jeden Fans. Es ist
  der ultimative Fanartikel schlechthin. Ob im Stadion,
  vor dem Fernseher oder auf der Straße, ein eigenes
  Trikot seines Teams oder Lieblingsspielers steht nicht
  nur jedem eingefleischten Fan gut zu Gesicht, er kann
  damit auch seine Verbundenheit zu seiner Mannschaft
  nach außen zum Ausdruck bringen. Außerdem dient
  es auch als Identifikationsmerkmal, ähnlich einer
  Uniform oder Dienstkleidung.

- *Sonstige Fanartikel*
  Hierunter zähle ich alle anderen Arten von
  Fanartikeln, die es wie Sand am Meer gibt und an
  dieser Stelle einfach den Rahmen sprengen würde,
  da das Angebot von A wie Armbanduhren, bis Z wie
  Zip Hoodies für Hunde reicht. Wo fängt man da nur
  an und wo hört man auf?

BESONDERE SPIELTAGE

Für einen wahren Fan von American Football ist jeder Spieltag etwas Besonderes, der es wert ist standesgemäß zelebriert zu werden. Trotzdem gibt es über die Saison Spieltage, die etwas besonderer sind als andere.

Der Super Bowl

Der Superbowl ist das ultimative Meisterschaftsspiel der National Football League und gilt nicht zu Unrecht als Weltmeisterschaft im American Football. Er wird jedes Jahr am ersten Wochenende im Februar ausgetragen und bildet gleichzeitig auch den Abschluss der laufenden Saison, bei der die Champions der American Football Conference (AFC) und der National Football Conference (NFC) gegeneinander antreten. Dem Gewinner winkt die Vince Lombardi Trophy. Der erste Super Bowl wurde im Jahre 1967 zwischen dem Meister der National Football League und dem Meister der damaligen American Football League ausgetragen. Mit der Fusion beider Ligen entstand 1970 das heutige Format. Mittlerweile erfreut sich der Super Bowl einer dermaßen großen Beliebtheit, das sich über 800 Millionen Menschen dieses sportliche Ereignis ansehen.

<u>Das Thanksgiving-Spiel</u>
Thanksgiving ist einer der höchsten Feiertage in den Vereinigten Staaten von Amerika. An diesem Tag legen viele Amerikaner unzählige Kilometer zurück, um bei ihren Familien zu sein und festlich zu speisen. Im Jahre 1876 kam dann auch American Football hinzu, als die Universitäten Princeton und Yale entschieden eine Tradition daraus zu machen an Thanksgiving jährlich gegeneinander zu spielen. Immer mehr Universitäten und Colleges kamen von Jahr zu Jahr hinzu und auch die National Football League bildete seit ihrer Gründung im Jahr 1920 keine Ausnahme. Seitdem gelten an diesem Feiertag die 3 Fs: Family, Food & Football.

TYPISCHES ESSEN

Gutes Essen gehört genauso zu einem Spieltag wie der Ball zum Spiel. Denn wie heißt es so schön, du hast keine Möglichkeit den Sieg deines Teams zu garantieren, aber das einzige, worüber du Kontrolle hast, ist wie lecker das Essen dabei sein wird. Was wäre also naheliegender zu American Football-Spielen auch American Food zu servieren? Denkste! Jetzt könnte man natürlich eine endlos lange Liste an verschiedenem Essen aufzählen, aber ich will mich nachfolgend nur auf das Wesentliche besinnen.

<u>Die häufigsten Essen an Spieltagen</u>
Wie eben schon erwähnt, gibt es eine wirklich endlose Anzahl an verschiedensten Gerichten, die in unzähligen Variationen an Spieltagen zubereitet werden. Hier eine Top 10 zu definieren scheint mir da fast unmöglich. Ich wäre aber nicht ich, wenn ich nicht versuchen, würde zumindest ein paar beliebte Hauptgerichte aufzuzählen, die man immer wieder mal bei Spieltagen, in Stadien oder bei Super Bowl-Parties serviert.

- *Beef Brisket*
  Beef Brisket zählt zu den Königsdisziplinen des Barbecues. Dabei handelt es sich um gegarte Rinderbrust, die mit einem Kräuterrub im Smoker oder Kugelgrill über mehrere Stunden zubereitet wird. Wer da noch auf Beilagen besteht, ist mit Baked Beans, Kartoffelgratin und Meerrettichsoße gut beraten.

- *Chicken Wings*
  Chicken Wings sind immer eine beliebte Essenswahl an Spieltagen. Dabei kann man die Hühnerflügel mit den unterschiedlichsten Marinaden genießen. Die scharfe BBQ-Variante ist immer ganz weit vorne, aber auch mit Teriyaki, Kräuter oder Tandoori-Style sind leckere Alternativen.

- *Hamburger*
  Über Hamburger brauche ich eigentlich nicht viel schreiben. Jeder kennt sie, jeder liebt sie und für jeden Geschmack gibt es individuelle Möglichkeiten, sie zu belegen. Wer es ganz extravagant möchte, kann den klassischen Burger auch mit Pulled Pork oder Beef Brisket genießen.

- *Hot Dogs & Friends*
  Unter Hot Dogs & Friends möchte ich einige Gerichte zusammenfassen, die auf einem klassischen Würstchen basieren. Ähnlich der Stadionwurst in unseren Breitengraden darf sie nicht fehlen.

- *Hot Dogs*

  Hot Dogs sind, ähnlich der Hamburger, spätestens seit der Verbreitung von einem schwedischen Möbeleinrichtungshaus, vielen von euch bekannt. Ein Würstchen in einem Weizenhefeteig, mit Ketchup, Mayo, Senf, Gewürzgurken und Röstzwiebeln. Geht schnell und macht satt.

- *Corn Dogs*

  Corn Dogs sind Würstchen am Spieß, die in einem Mais-Teig frittiert werden. Dadurch kann man den Corn Dog nicht nur elegant und ohne Besteck aus der Hand essen, er ist auch geradezu prädestiniert, um in verschiedenste Dips getunkt zu werden

- *Pretzel Dogs*

  Der Pretzel Dog kombiniert ein Würstchen mit einer des Deutschen liebsten Backware, der Bretzel. Dabei wird das Würstchen mit einem Bretzelteig umwickelt, ausgebacken und ist, wie sein Bruder der Corn Dog, perfekt zum Dippen geeignet.

- *Meatballs*
  Meatballs oder Hackfleischbällchen sind gefüllt oder ungefüllt, in Soße oder ohne, schnell gemacht und die perfekten Appetizer für jede American Football-Party.

- *Pizza*
  Pizzen sind nach den Hamburgern, das zweite Gericht, dass ich eigentlich nicht mehr vorstellen brauche. Das im Ofen gebackene Stück flachen Hefeteigs, mit Tomatensoße, Käse und vielerlei andere Köstlichkeiten belegte Essen, ist nicht nur bei Alt und Jung beliebt, man bekommt es vielerorts auch einfach von einem Lieferdienst gebracht und hat dadurch keine Arbeit damit.

- *Pulled Pork*
  Pulled Pork ist ein klassisches, nordamerikanisches Barbecue-Gericht. Dabei wird ein Stück Schweineschulter oder Schweinenacken langsam, über mehrere Stunden, im Smoker oder Backofen gegart und am Ende auseinandergezupft. Serviert wird das Fleisch üblicherweise mit einer Barbecue-Sauce auf einem Burgerbrötchen oder mit Maiskolben, amerikanischen Krautsalat, auch als Coleslaw bekannt oder einer Backofenkartoffel

- *Sandwiches*
  Sandwiches sind aufgrund ihrer einfachen und schnellen zubereitungsweise eine sehr beliebte Zwischenmahlzeit, die jedes American Football-Essen aufwertet. Dabei werden zwischen zwei Weißbrotscheiben jede Menge leckere Beläge, wie Braten, Wurst, Schinken, Käse, Salat, Tomaten, Gewürzgurken, Ei und vieles mehr gelegt. Sandwiches werden gerne in Kombination mit Chips gereicht.

  o *Sub Sandwiches*
    Sub Sandwiches, verdanken ihren Namen der U-Bootform ihres Brotes. Sie sind eine Nummer größer, als das klassische Sandwich und können dadurch auch mit mehreren Belägen beladen werden. Auf Sub Sandwiches findet man oftmals auch verschiedene Fleischsorten und die Reste von Beef Brisket oder Pulled Pork wieder, die man nicht verkommen lassen möchte. Gegessen wird ein Sub Sandwich kalt oder warm aus dem Backofen.

  o *Philliy Cheese Steak Sandwich*
    Das Philly Cheese Steak Sandwich ist eine Sandwich-Spezialtät, die ihren Ursprung in Philadelphia hat, aber es trotzdem zu internationalem Ruhm brachte. Beim Philly Cheese Steak Sandwich wird Steak dünn aufgeschnitten, angebraten und mit Käse, glasierten Zwiebeln und grüner Paprika auf einem Weizenbrötchen serviert.

- *Spareribs*

  Spareribs, auch bei uns bekannt als Schälrippchen, sind Rippen aus dem Schweinebauch. Diese werden im Smoker oder auf dem Grill zubereitet und mit einer Barbecue-Sauce bestrichen. Dazu passen wunderbar Wedges, Pommes oder Süßkartoffel-Pommes.

- *Tacos & Quesadillas*

  Tacos und Quesadillas stammen ursprünglich aus Mexiko, erfreuen sich aber mittlerweile in ganz Mittel- und Nordamerika größter Beliebtheit und so war es nur eine Frage der Zeit, bis sie auch den Weg zu den Fans der amerikanischen Nationalsportart gefunden haben.

  - *Tacos*

    Tacos bestehen aus einem gefüllten Tortilla aus Weizen oder Mais. Meist werden Hackfleisch, Käse, Salat und Tomaten zum Füllen verwendet. Abgeschmeckt wird ein Taco in der Regel mit einer schönen, scharfen Salsa.

  - *Quesadillas*

    Quesadillas bestehen aus zwei Weizentortillas, die wie ein Sandwich mit Käse und anderen Zutaten belegt und im Anschluss dann gebacken werden.

Snack Stadium

Ein Snack Stadium, auch Snackadium oder Snack Bowl genannt, ist die amerikanische Antwort auf ein klassisches Lebkuchenhaus. Ok, eine viel größere und kalorienreichere Antwort, aber auch eine leckere Antwort darauf. Viele Fans bilden für die Spieltage essbare Stadien nach, die auch gleichzeitig als Schrein für den amerikanischen Nationalsport dienen und nebenbei ein schöner Eyecatcher auf jeder Football-Party sind. Dabei sind der eigenen Fantasie keine Grenzen gesetzt, was ein richtiger Snack Stadium-Begeisterter natürlich auch zu nutzen weiß. Es wird das Heimstadion oder fiktive Arenen aus Karton, Plastik oder Holz nachgestellt und mit allerlei kalten und warmen Leckereien in Ein- oder Mehrwegschalen bestückt und verziert. Wenn man dann noch dem Ganzen einen draufsetzen möchte, fügt man noch ein Spielfeld, Goalposts, Anzeigetafel und Beleuchtung hinzu. Farben und Logo des favorisierten Teams dürfen natürlich nicht fehlen.

MAN CAVES

Man Caves oder Männerhöhlen sind bei den Fans von American Football weit verbreitet und eigentlich auch kaum mehr wegzudenken. Ursprünglich als Rückzugsort für einen Mann gedacht, wo er noch ungestört seinen Hobbies nachgehen kann, ist ein Man Cave ein Raum im Keller, der Garage oder dem Dachboden. Hier herrschen noch die Regeln des Mannes, die Frau hat bei der Dekoration nicht mitzureden, denn dort findet man in der Regel all die Fanartikel, die eine Frau nicht im Haus haben möchte. Gemütliche Sitzmöbel und ein Fernseher gehören natürlich auch in eine ordentliche Männerhöhle. Ein Kühlschrank mit jeder Menge kaltem Bier und Softdrinks darf da natürlich nicht fehlen.

FANTASY FOOTBALL

Manche fragen sich sicher, wie ein richtiger Fan von American Football seine Expertise über Spieler und Sportart am besten zur Schau stellen kann? Die Antwort darauf ist einfach. In einer Fantasy Football-Liga. Fantasy Football ist ein Wettbewerb, bei dem die Teilnehmer, meist online, ein imaginäres Fantasy Team zusammenstellen können. Die Spieler für das Team können dabei vor Saisonstart und aus allen Mannschaften einer Liga ausgewählt werden. Danach entscheidet der Teilnehmer, welche Spieler jeweils für die kommenden Spieltage aufgestellt werden. Nach jedem Spieltag bekommt dann jeder Teilnehmer Punkte, anhand der Leistungen, die die einzelnen Spieler erbracht haben. Die Liga gewinnt am Ende der Saison der Spieler mit den meisten Punkten oder wer die meisten Spiele im direkten Vergleich gegen Ligakonkurrenten gewonnen hat. Das Schöne am Fantasy Football ist auch die Möglichkeit zu haben, im kleinen Kreise mit seinen Freunden zu spielen oder anonym an nationalen oder internationalen Ligen teilzunehmen. Dementsprechend variieren natürlich auch die Einsätze und Preise, von kleinen und großen Beiträgen, bis hin zu Ruhm, Ehre und Anerkennung seiner Football-Buddies.

GAMING

Das Spielen an Konsolen und Computern ist bei vielen Menschen als Freizeitbeschäftigung gesetzt. Da ist es kaum verwunderlich, dass es auch American Football auf die gängigen Plattformen geschafft hat. Die Fans können in die Rolle von General Manager, Trainer oder Spieler schlüpfen und alleine oder mit Freunden, das virtuelle Spielgeschehen hautnah erleben. Und wem das nicht reicht, der hat mittlerweile auch die Möglichkeit an unzähligen Online Turnieren teilzunehmen und seine Fähigkeiten beim Zocken unter Beweis zu stellen.

TRADING CARDS

Trading Cards, bei uns besser bekannt als Sammelkarten, haben eine lange Tradition beim American Football und sind besonders in Ländern beliebt, in denen sich dieser Sport einer großen Beliebtheit erfreut. Auch wenn die ersten Karten gegen Ende des 19. Jahrhunderts gedruckt wurden, kamen sie erst richtig nach dem 2. Weltkrieg in Mode. Dabei sind bis heute die Spieler der National Football League und College Football-Spieler die beliebtesten Motive. Eine Trading Card wird in der Regel auf Karton oder Papier gedruckt und zeigt einzelne Spieler, Mannschaften oder auch Logos der Teams auf der Vorderseite. Auf der Rückseite sind Statistiken, Beschreibungen und allgemeine Informationen zu finden. Oftmals werden die Karten verschiedener Sets oder Editionen durchnummeriert mit unterschiedlichen Seltenheitsstufen. Grundsätzlich gilt für eine Spielerkarte, je seltener und älter, umso wertvoller, aber auch ein Originalautogramm des Spielers auf der Karte kann den Wert erheblich steigern.

SOCIAL MEDIA

Social Medias sind seit ihrem rasanten Aufstieg kaum mehr aus dem täglichen Leben wegzudenken und so ist es kaum verwunderlich, dass in der heutigen Zeit auch der American Football von Webseiten, Sozialen Netzwerken, Weblogs und Wikis beeinflusst wird. Bei genauerer Betrachtung, ist dies sogar stark untertrieben, aber das wisst ihr auch. Wenn ihr mich fragt, würde der American Football heute nicht den hohen Stellenwert bei den Massen haben, den er inzwischen eingenommen hat. Dank der Sozialen Medien wird den Fans die Interaktion mit ihren Lieblingsteams, mit Spielern, Trainern, Fachleuten und anderen Fans auf der ganzen Welt ermöglicht. Durch diese Art der globalen Vernetzung wird einem die Chance geboten, Teil des großen Ganzen zu sein. Man bekommt zeitnah Zugang zu Neuigkeiten und wichtige Informationen aus erster Quelle und erhält die Möglichkeit, mit vielen Spielern zu kommunizieren, die sich selbst präsentieren und vermarkten möchten. Es wird einem das Gefühl vermittelt, sich mittendrin auf Augenhöhe zu bewegen. Natürlich schwingt diese Tür auch in beide Richtungen. Im Gegenzug nutzen die Teams natürlich die Möglichkeit auf bevorstehende Veranstaltungen hinzuweisen, ihr Merchandising anzupreisen und ganz nebenbei auch ihre Sponsoren einzubinden. Wir wollen aber auch nicht die Reporter, ehemalige Spieler und viele Fachleute und Insider vergessen, die den Nutzen der Sozialen Medien erkannt haben. Diese tummeln sich ebenfalls fleißig auf unzähligen Online-Plattformen, um ihre Broadcasts, Wissensberichte oder Einschätzungen und Meinungen zu Spielgeschehen und Ereignissen rund um American Football mit der ganzen Welt zu teilen, worüber wir auch sehr dankbar sind.

#08 BEGRIFFE VON A-Z

DIE WICHTIGSTEN FACHBEGRIFFE

Bis hierher seid ihr schon richtig tief in die Welt des American Football und seinen Traditionen eingetaucht, aber mit viel Wissen, kommen auch viele neue Fachbegriffe. Diese möchte ich euch natürlich auch erläutern.

#B

Backtuck
Rückwärtssalto beim Cheerleading.

Basket
Das Werfen und Fangen des Flyers beim Cheerleading.

Bibbers
Hosen der Uniformen von Marching Bands.

#C

Chant
Eine kurze Anfeuerung im Cheerleading, mit einfachen Armbewegungen.

Cheer
Eine Kombination von mehreren Chants beim Cheerleading, die meist mit Pompons, Sprüngen oder anderen Showeinlagen begleitet und nur einmal gerufen werden.

Coin Toss
Münzwurf vor Beginn des Spiels. Der Gewinner wählt welches Team zuerst den Ball empfangen darf.

Cradle
Eine Technik im Cheerleading, um einen Stunt abzubauen.

#D

Dance
Eine Kombination von mehreren Moves beim Cheerleading, die meist mit Pompons werden.

Defense
Die Defense, auch Defensive Line oder D-Line, ist die verteidigende Mannschaft eines American Football-Teams, die auf dem Platz steht.

Drill
Schritte und Positionen in der Show einer Marching Band.

Drill book
Das Übungsheft für Mitglieder von Marching Bands in dem ihre persönlichen Übungen und Bewegungsabläufe stehen.

#E

Elevator
Hebefigur im Cheerleading.

Entry Draft
Jährliche Nachwuchsrekrutierung im American Football.

#F

Fight Song
Das individuelle Kampflied eines American Football-Teams.

Flyover
Das Überfliegen des Stadions bei einem American Football-Spiel, während der Hymne.

#G

Gauntlets
Handgelenk- und Unterarmstulpen der Uniformen von Marching Bands.

#J

Jumps
Bestimmte Sprünge im Cheerleading.

Junior
Cheerleader zwischen dem 11. und 16. Lebensjahr.

#K

Kicks
Beinbewegungen im Cheerleading.

#L

Levels
Schwierigkeitsgrade von Stunts im Cheerleading von 0 bis 7.

Liberty
Hebefigur im Cheerleading bei der, der Flyer auf einem Bein steht.

#M

Maskottchen
Glücksbringer eines Teams beim American Football, von Cheerleader-Gruppen, einer Marching Band oder einer Schule. Meist eine Person, ein Tier, ein Fantasiewesen oder Gegenstand.

Megaphone
Wird beim Cheerleading benutzt um die Stimme auf dem Spielfeld zu verstärken.

Mock Draft
Wahlprognose vor dem eigentlichen Entry Draft durch Presse, Experten oder Fans.

Motions
Bewegungen und Haltungen der Arme beim Cheerleading.

Mount
Das Unterstützen oder Heben des Flyers durch eine oder mehrere Bases im Cheerleading.

#O

Offense
Die Offense, auch Offensive Line oder O-Line, ist die angreifende Mannschaft eines American Football-Teams, die auf dem Platz steht.

#P

Peel off
Wenn sich beim Cheerleading eine Squad aufteilt, um die gleichen Motions, Skills oder Steps zu unterschiedlichen Zeiten auszuführen.

Peewee
Cheerleader bis zum 11. Lebensjahr.

Pit
Schlaginstrumente der Marching Band, die nicht mitlaufen können und am Spielfeldrand stehen.

Plums
Das Gefieder an den Hüten der Marching Bands.

Podium
Plattform, auf der der Dirigent einer Marching Band steht.

Pompons
Ein runder Tanzwedel beim Cheerleading, der die Armbewegungen optisch unterstreichen soll.

Pregame Party
Fantreffen auf dem Stadiongelände vor einem Spiel.

Pyramide
Kombination aus mehreren Stunts beim Cheerleading, die sich zu einem Gesamtbild zusammenfügen.

#R

Rally Towel
Handtuch, Schal oder ähnliches, um das gegnerische Team im
Stadion abzulenken.

Referee
Der oberste Schiedsrichter auf dem Feld.

Reload
Siehe Peel off.

Routine
Siehe Peel off.

#S

Shako
Hut der Uniformen von Marching Bands.

Senior
Cheerleader ab dem 16. Lebensjahr.

Skills
Die Elemente, wie zum Beispiel Sprünge oder
Tanzfähigkeiten, die beim Cheerleading in Wettkämpfen
beurteilt werden.

Squad
Ein Cheerleader-Team.

Steps
Schrittfolgen und Abläufe in Choreographien beim
Cheerleading.

Stunts
Alle Elemente oder Übungen, die Turnelemente, Hebefiguren oder Würfe im Cheerleading beinhalten.

Super Bowl
Das Endspiel in der National Football League. Wird auch oft mit der Weltmeisterschaft gleichgesetzt.

#T

Tailgate Party
Fantreffen an einem Spieltag auf den Parkplätzen der Stadien.

Toss
Siehe Basket.

Tower
Siehe Podium.

Tumbling
Bodenturnelemente im Cheerleading.

#V

Varsity
Das Cheerleader-Team, dass seine Schule bei Wettkämpfen vertreten darf. Meistens sind es die Oberschüler.

#W

Winds
Blasinstrumente in einer Marching Band.

#08 FUN FACTS

UNNÜTZES WISSEN

Wissen ist Macht, aber nichts wissen macht auch nichts. Und die Wahrheit liegt, wie immer, irgendwo dazwischen. Genauso wie das unnütze Wissen, das es zwar nicht in die einzelnen Kapitel geschafft hat, ich euch aber auch nicht vorenthalten möchte.

FUN FACT #01

Der allererste Cheerleader im American Football, war der Student Johnny Campbell, der 1898 an der Universität von Minnesota eine Menge beim Jubeln anleitete.

FUN FACT #02

Zwischen 1900 und 1960 waren 4 zukünftige US-Präsidenten Cheerleader an ihren Schulen. Franklin D. Roosevelt (Harvard College), Dwight D. Eisenhower (West Point), Ronald Reagan (Eureka College) und George W. Bush (Phillips Academy).

FUN FACT #03

Mit 60 Cheerleaderinnen wurde im August 2017 in Tauranga, Neuseeland, der Weltrekord für die größte Pyramide aufgestellt.

FUN FACT #04

Der Weltrekord für den längsten Cheer im Cheerleading, wurde im Dezember 2018 in Hangzhou, Zejiang, China, von 2102 Cheerleadern aufgestellt.

FUN FACT #05

Die erste Deutsche Marching Band „The Sound of Frankfurt" wurde im Jahre 1967 gegründet.

FUN FACT #06

Die Fans der Buffalo Bills haben eine besondere Tradition bei Tailgate-Parties. Sie zertrümmern ihre Campingtische, indem sie vom Boden, von Stühlen, ihren Autos, Leitern, Stühlen oder anderen Fans drauf springen.

FUN FACT #07

Der damalige Quarterback der San Francisco 49ers, Colin Kaepernick, war der erste Spieler, der sich 2016 während der Nationalhymne hinkniete, um gegen Rassismus und Polizeigewalt gegen Schwarze und farbige Menschen in den Vereinigten Staaten von Amerika zu protestieren.

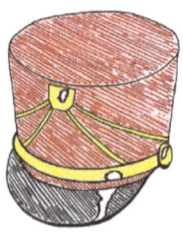

FUN FACT #08

Rally Towels haben ihren Ursprung in Pittsburgh. Der Radiosender WTAE erfand das „Terrible Towel", um Sponsoren zu finden. Im Dezember 1975 feierte es sein Debut im Stadion der Pittsburgh Steelers im Playoff-Spiel gegen die Baltimore Colts.

FUN FACT #09

Die Detroit Lions trugen seit 1934 an Thanksgiving ihre Spiele in der National Football League aus. Das Team wollte nach seiner Umsiedelung von Portsmouth mehr Aufmerksamkeit gegenüber den Baseballern der Detroit Tigers. Das Spiel wurde erstmals landesweit im Radio übertragen. Seit diesem Jahr wurde bis auf wenige Ausnahmen immer an Thanksgiving in Detroit Football gespielt.

FUN FACT #10

Henry W. Beecher war der erste American Football-Spieler, der auf 1988 auf einer Trading Card abgebildet wurde. Man konnte den Spieler der Yale University in einem Set aus 50 verschiedenen Sammelkarten ziehen.

#07 LAST, BUT NOT LEAST

DANKSAGUNG

Zu guter Letzt möchte ich die Gelegenheit ergreifen und mich bei euch allen bedanken, die dieses Buch gekauft haben oder vielleicht sogar auch schon dieser jungen Buchreihe die Treue gehalten haben. Ebenso möchte ich mich bei den Menschen bedanken, die mich dazu ermutigt haben weiter zu machen. Eure Unterstützung trägt großen Anteil an diesem Buch. Ebenso dankbar bin ich, dass Nicole und Christian wieder mit an Bord waren und mich mit ihren fantastischen Fotos und Bildern versorgten. Und was soll ich sagen, das Team wurde sogar noch größer. Ein weiterer Christian ist dazu gestoßen und hat nur aus einer Idee, eine stimmige Homepage für 4 Quarters gebastelt und die Buchreihe in die Sozialen Medien gebracht. Ganz großes Kino, aber überzeugt euch selbst davon. Natürlich darf meine Familie nicht fehlen, wenn es ums Bedanken geht. Sie sind immer wieder meine Triebfeder und Quell meiner Inspiration. Abschließend möchte ich hier auch noch die Jungs von Pfoilspütz Monnem erwähnen, mit denen ich einen mehr als lustigen Super Bowl LIV verbringen durfte. Jungs, es ist mir immer wieder eine Freude mit euch American Football zu schauen.

QUELLENANGABEN

Wie ein weiser Mann einmal sagte: „Man muss nicht alles Wissen, man muss nur wissen wo es steht."

Websites
https://cheerleading.lovetoknow.com
https://facts.net
https://de.wikipedia.org/wiki/American_Football
https://mentalfloss.com
https://www.factretriever.com/football-facts

Bücher
American Football, Sports Knowledge, 1. Auflage 2018

Coverdesign
Christian Kappler

Zeichnungen und Illustration
Denis Heisch

Fotos
Nicole Hornig, www.nh-photographie.de

HAFTUNGSAUSSCHLUSS

Haftungsansprüche gegen den Autor für Schäden materieller oder ideeller Art, die durch die Nutzung oder Nichtnutzung der Informationen bzw. durch die Nutzung fehlerhafter und/oder unvollständiger Informationen verursacht wurden, sind grundsätzlich ausgeschlossen. Rechts- und Schadenersatzansprüche sind daher ausgeschlossen. Das Werk inklusive aller Inhalte wurde unter größter Sorgfalt geprüft und erarbeitet. Der Autor übernimmt jedoch keine Gewähr für die Aktualität, Korrektheit, Vollständigkeit und Qualität der bereitgestellten Informationen. Druckfehler und Falschinformationen können nicht vollständig ausgeschlossen werden. Der Autor übernimmt keine Haftung für die Aktualität, Richtigkeit und Vollständigkeit der Inhalte des Buches, ebenso nicht für Druckfehler. Es kann keine juristische Verantwortung sowie Haftung in irgendeiner Form für fehlerhafte Angaben und daraus entstandenen Folgen vom Autor übernommen werden. Für die Inhalte von den in diesem Buch abgedruckten Internetseiten sind ausschließlich die Betreiber der jeweiligen Internetseiten verantwortlich. Der Autor hat keinen Einfluss auf Gestaltung und Inhalte fremder Internetseiten. Der Autor distanziert sich daher von allen fremden Inhalten. Zum Zeitpunkt der Verwendung waren keinerlei illegalen Inhalte auf den Webseiten vorhanden.

ÜBER DEN AUTOR

Denis Heisch wurde am 17. August 1981 in Schwetzingen geboren. Das Buch „The 2nd Quarter – Alles rund um die Welt des American Football", ist das zweite Buch des Autors aus der 4 Quarters-Reihe. Der gelernte Kraftwerksmeister lebt mit seiner Frau und seinen beiden Kindern in der Metropolregion Rhein-Neckar.

DIE 4 QUARTERS-REIHE (STAND 2020)

The 1st Quarter – Der Einstieg in die Welt des American Football

ISBN

Paperback   978-3-7497-8639-8

Hardcover   978-3-7497-8640-4

e-Book   978-3-7497-8641-1

The 2nd Quarter – Alles rund um die Welt des American Football

ISBN

Paperback   978-3-347-10467-9

Hardcover   978-3-347-10468-6

e-Book   978-3-347-10469-3

BESUCHT ODER FOLGT 4 QUARTERS

🌐 **WWW.4QUARTERS.DE**

📘 **4QUARTERS.OFFICIAL**

📷 **4QUARTES_OFFICIAL**

Zeitfracht Medien GmbH
Ferdinand-Jühlke-Straße 7
99095 Erfurt, Deutschland
produktsicherheit@kolibri360.de